acabus

Klaus Büchner

HANEBÜCHNER II
– Er dichtet wieder –

Mehr Gedichte und Fotos von Klaus Büchner -
Mitbegründer und Sänger von Torfrock

**Klaus Büchner: Hanebüchner 2 - Er dichtet wieder.
Mehr Gedichte und Fotos von Klaus Büchner -
Mitbegründer und Sänger von Torfrock
Hamburg, acabus Verlag 2019**

1. Auflage
ISBN: 978-3-86282-694-0

Dieses Buch ist auch als eBook erhältlich und kann über den Handel oder den Verlag bezogen werden.
ePub-eBook: ISBN 978-3-86282-696-4
PDF-eBook: ISBN 978-3-86282-695-7

Lektorat: ds, acabus Verlag
Cover & Layout: © Annelie Lamers, acabus Verlag
Covermotiv: © Chris Emil Janßen
Polaroids: pixabay.com

Bibliografische Information der Deutschen Nationalbibliothek: Die Deutsche Nationalbibliothek verzeichnet diese Publikation in der Deutschen Nationalbibliografie; detaillierte bibliografische Daten sind im Internet über http://dnb.d-nb.de abrufbar.

Der acabus Verlag ist ein Imprint der Bedey Media GmbH, Hermannstal 119k, 22119 Hamburg.

HANEBÜCHNER II.

Dieses Buch widme ich meiner Frau Kathrin für ihre Unterstützung durch Organisation in allen Bereichen, als erste Testperson meiner Gedichte und nicht zuletzt für ihre liebevolle Geduld mit mir.

INHALT

VORWORT

Kunst kommt von Können, nicht von Wollen.
Sonst müsste es ja Wunst heißen.

(Frei nach Karl Valentin)

Ob nun Künstler oder Wünstler, an dieser Stelle möchte ich meinen Kollegen vorstellen, der meine Lesungen brillant begleitet mit Wort, Gesang und Gitarre, Christof Stein-Schneider, Mitglied der Bands „Fury in the Slaughterhouse“ und „Wohnraumhelden“.

Wenn man jetzt meint, ich würde Werbung für unsere Auftritte machen, liegt man gar nicht so falsch. Obwohl meine Frau Kathrin schon in der Widmung Platz findet, will ich sie hier auch noch mal dankend nennen, und nicht zuletzt unsere Hündin Fienchen, die mich vor niederträchtigen Kühen und aggressiven Landmaschinen beschützt.

DAS LEBEN UND ALLES.

Klaus und sein Fahrrad
1960

AUF'M TEPPICH BLEIBEN

Wenn dir einma' jemand sacht:
„Du bist genial, besser als alle."
Denn pass auf, nimm dich in acht.
Das ist bestimmt 'ne Schmeichelfalle.
Man hat ma' wieder übertrieben.
Denk jetzt bloß nich', du bist Gott.
Hast dich in Größenwahn verstiegen,
denn setzt man dich bald auf'n Pott.
Bleib auf'm Teppich in dein' Leben,
bescheiden, überschätz dich nich'.
Gott? Es kann nur einen geben.
Tja, und das bin nu' ma' ich.

DITHMARSCHER ZEICHEN

In Dithmarschen, das weiß man wohl,
trinkt Frau sowie auch Mann
gelegentlich mal Alkohol.
Man merkt's nur keinem an.
Im dithmarschener Bauernland
gibt man sich ein Zeichen.
Das machen alle mit der Hand
auf Weiden, Dörfern, Deichen.
Man hebt den Zeigefinger dort
und lässt ihn locker fallen.
Das heißt „Moin, moin" ohne ein Wort.
So hört man keinen lallen.

EIN AUSGESTORBENER BERUF

Ein ausgestorbener Beruf,
vor langer Zeit, ganz früher,
der einigen ein Auskomm' schuf,
hieß allgemein Beschlürer.

Die Dienstleistung lief überall
und hat dazu geführt,
im Leben wurd' fast jeder mal
so ein-, zweimal beschlürt.

Dann wurd' der Job ma' irgendwann
von keinem mehr gebraucht.
Für den Beschlürer hieß es dann:
„Ich steh nu' auf'm Schlauch."

Bald wurde sein Beruf vergessen,
weil keiner an ihn dachte.
Heut wissen nich' ma' die Professen,
was so 'n Beschlürer machte.

HAPPY END

Ich setz' mich inne Eisenbahn
von Itzehoe nach Heide,
um von Ilse zu Ulla zu fahr'n,
denn ich lieb' sie beide.
Dort find' ich, wie bei Ilse hier,
meine Klamotten vor der Tür.
Drum glaub' ich, beide lieb' ich sehr,
doch meine beiden mich nich' mehr.
Da bin ich Realist, ich kann das
und sach ma': „Happy-End geht anders."

HERR MEYER, DER MÜLLER

Tut Herr Meyer Roggen mahl'n,
is' er Müller, das is' wahr.
Roggen für Brot, das is' normal.
Bei Gerste is' das nich' so klar.
Daraus wird nämlich Bier gewonn',
was dröhnt. Da is' das defiziler.
Da hat Herr Meyer, genau genomm',
auch noch 'n Job als Drogen-Dealer.

ICH

Ich bin, was man sehr oft verkennt,
gar nich' ma' unintelligent.
Aus diesem Grunde weiß ich eben,
ich bräuchte etwas Zeit zum Leben.
Hätt' ich 200 Jahre nur,
denn schaff' ich auch das Abitur.

KANGOL

JA, JA DIE LIEBE

Menschen, die einander lieben,
tun sich zueinander schieben.
Nur Menschen, die das Lieben hassen,
tun das Schieben lieber lassen.
Drum weiß man, wo der Hammer hängt,
wenn man an zu schieben fängt.

KLO-ROMANTIK

Vorm Fenster vom Klo
tu ich sitzen und kieken,
und es scheint mir so,
da sind Matzen am Piepen,
die schlemm', und ich denk mir
während der Sichtung,
mein Genuss nimmt hier
'ne ganz andere Richtung.

CPO ITALY

SENSATION AUF FACEBOOK

Ein Schiff fährt unter eine Brücke
im Nord-Ostsee-Kanal.
Fährt das die Brücke jetzt in Stücke?
Die Kamera! Ey, warte mal!
Nu' hab' ich sie! Nu' ramm das Ding!
Das kann man posten, mach doch schon!
Manno! Da knackt nix, und nix sinkt.
Schon wieder keine Sensation!
Na gut, ich licht' was and'res ab,
auch was Sensationelles.
Zeig' was ich für 'ne Mahlzeit hab':
'N SCHNITZEL UND 'N HELLES!

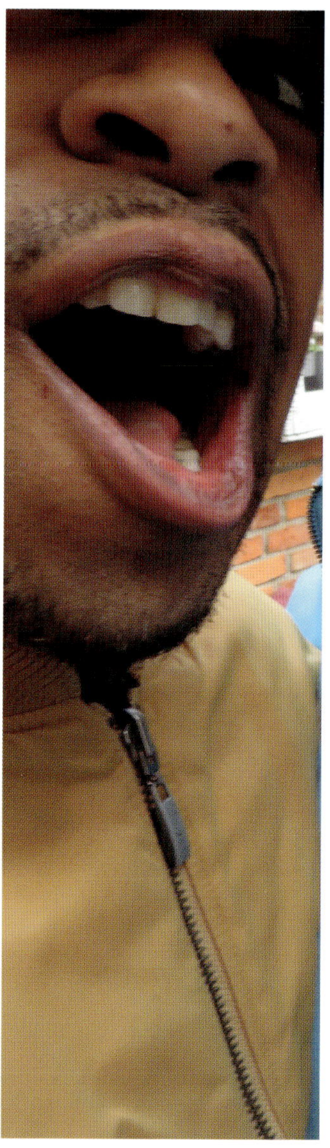

VÖLKISCH

Ich trage hier, man sieht's genau,
völkisches Parteien-Blau,
und meine Söhne sind,
wenn ich's richtig seh',
auch braun genug für die AfD.

WISSENSCHAFTLICHER STRESS

Es fand ein Paläontologe
und mit ihm ein Biologe
ein’ Zahn inmitten der Sahara,
versteinert, weil er lang’ schon da war,
von einer neuen Affenart.
Sie machten sich gleich auf die Fahrt,
so schnell sie konnten zum Labor.
Sonst käme ihn’ noch wer zuvor.
Gestresst sind sie zurückgefahr’n
und zwar mit einem Affenzahn.

GLAUBEN

Ein Pastor sprach bedeutungsvoll,
er weiß aus sich'rer Quelle,
dass ich an sowas glauben soll,
sonst komm' ich inne Hölle,
macht mich platt wie Jericho,
Sodom, Gomorrha, Sintflut.
So'n Gott der Liebe, is' der so,
dass der so irre spinn' tut?
Hat das wirklich Gott gemacht?
Wenn man genau hinsieht,
denn klingt das wie vom Mensch gesacht,
nach Angstmach-Politik.
Gott, Jesus, ihr könnt wohl viel machen
und auch der Heilige Geist.
Ich trau euch zu, 'ne Menge Sachen,
aber nich' so'n Scheiß.

UND WENN DU DENKST ...

Und wenn du denkst, es geht nicht mehr,
kommt von irgendwo ein Lichtlein her.
Das Lichtlein konnt' ich gut gebrauchen.
Ich wollt' gerade eine rauchen

DIE WELT, DAS LAND, DIE STADT UND ÜBERALL ...

Klaus und seine Gang
1956

ANGELOGEN

In der Zeitung stand geschrieben,
und das erfuhren auch zwei Buchen,
dass Schneeflocken vom Himmel stieben.
Die eine Buche war am Fluchen:
„Lügenpresse! Fake und Schund!
Das stinkt mir so, dass ich gleich durchknall'.
Den Schnee gibt's aus'm andern Grund:
Der Schneemann da, der hatte Durchfall."

BÜSCHE

Die Prosa und die Poesie
behandelten den Busch noch nie.
Ich hab' noch nie davon gelesen.
Denn is' das wohl auch so gewesen.
Die Bibel hat ihn kurz genannt.
Danach is' er auch gleich verbrannt.
Jetz' handle ich, dass damit Schluss is',
ernenn' dies Jahr zum Jahr des Busches.
Wenn du ein' siehst, tu ihn erfeu'n,
grüß' mit der Hand und sach ma' „Moin".

DER ANHÄNGER

Eins weiß ich nu' ganz gewiss,
dass so'n Hänger faul is'.
Zieht ihn kein produktiver Trecker,
fällt er mit Nichtstun auf'n Wecker.
Sagt man ihm: „Fahr ma'", bleibt er stumm,
steht einfach da und gammelt rum.

FERIEN AUF'M BAUERNHOF

„Ferien auf'm Bauernhof",
sprach der Bauer, „find' ich doof.
Ich wühl' hier rum, das ganze Jahr.
Da mach ich nich' noch Urlaub da.
Im Urlaub such' ich schnell das Weite
oder auch die nächste Kneipe.

HAFENKUNDE

Wer das nich' weiß vonne Hafenkunde,
der sollte noch mal büffeln,
nämlich dass die Schlepper, genau wie Hunde,
gern ma' hinten schnüffeln.

ZP BEAR
ZP BEAR
VALLETTA

HAMBUICH BLEIBT BESCHEIDEN

Hambuich is' 'ne freie Hansestadt,
was denn somit auch zur Folge hat,
Niedersachsen und Schleswig-Holstein
könn' auf diese Stadt nich' stolz sein.
So sacht sich Hambuich: „Na, was soll's?
Denn bin ich auf mich selber stolz
und bleib gelassen und bescheiden.
Bin ei'nlich Hauptstadt von den beiden.

HÜGELGRAB

Ich steh' vor einem Hügelgrab.
In Ehrfurcht schau' ich hin.
Wen man da wohl begraben hat?
Man steckt da ja nich' drin.
Auch meine Hündin läuft zum Grab.
Der Bann is' nu' gebrochen.
Ich halt' sie besser davon ab.
Sie hat die Knochen schon gerochen.

SO 'N WALD IS' NICH' BILLICH

Im Wald spazier'n tun gern die meisten,
doch kann man sich das immer leisten?
Auch hier in der Natur ihr'n Schoß
is' meistens ohne Moos nix los.

DREI KAHLE BÄUME

Die Bäume schlagen Blätter aus,
so um und bei zum Frühling.
Mutter Natur besteht darauf,
allein fürs gute Feeling.
Doch knüppelhart is' Laubherstellung
und lutscht viel Energie.
Drei kahle Bäume schwor'n: „Rebellung!
(Gut Deutsch konnten sie nie.)
Wir machen weiter ein' auf Winter.
Das finden wir kommod.
Mutter Natur kommt nich' dahinter.
Wir stell'n uns einfach tot."

KUNST UND KÜNSTLER.

Charlies Tante 1959

DER HORROR-THRILLER

Der Film lief grad mal 10 Minuten,
und da siegten schon die Guten.
Ein Opfer in dem Horror-Thriller
griff das Beil vom Horror-Killer
und schlug ihm auf'n Kopp.
Und weil das Opfer den Killer killte,
kam es so, dass es keinen thrillte.
Der Film wurde ein Flop.

DIE KRITISCHE PAPPEL

Weil ich nun mal ein Dichter bin,
dichtete ich vor mich hin.
Und wie ich da so grübelnd stand,
stand auch ’ne Pappel am Wegesrand.
Ich reimte: „Hättest du jetzt Äppel,
wärst du eine Äppel-Päppel.“
„Mann, das heißt PAPPEL“, hat sie gemeint.
Ich sprach: „Dann hätt’ sich’s nich’ gereimt.“
Sie seufzte: „Gut, und nu’ sei still
und dichte nich’ noch ma’ so’n Müll.“

ROCK 'N' ROLL HERO

Ein Rock-Musiker spielt die Flöte
und gerät dabei in Nöte.
Seine Blase ließ ihn wissen,
er muss dringend jetz' ma' müssen.
Doch das Flöten abzubrechen,
würde die Performance schwächen.
So zeigt er heldenhaft Präsenz
mit Rock 'n ' Roll-Inkontinenz.

REIMEN UND DICHTEN

Ein Schiff fährt Richtung Nordsee,
das Segel nich' gesetzt.
Weil ich kein Segel dort seh',
war's richtig eingeschätzt.
Plätscherich und brackich
schlägt das Wasser Well'n.
Der Mast passiert mich nackich.
Man fährt wohl maschinell.
Das Schiff hier ist ein Ewer,
Mein Reim noch kein Gedicht.
Reim', das kann ja jeder,
dichten lange nicht.

MYSTERIÖSES UND LEGENDEN.

Klaus und die Monsterjäger
1958

SEASIDE

DER ZAUBERER GANDALFRED

Er kam von irgendwo daher
und sprach: „Ich bin ein Zauberär.
Hast du was Wunsch? Die kann ich zaubern.
Du musst nur feste daran glaubern.
Waddu auch wünschelst, den gestatt ick.“
Ich wünschte ihm bess’re Grammatik.

ANGRIFF IM MOOR

Ich horchte angestrengt ins Moor.
Da drang ein Rascheln an mein Ohr.
Ich tippte auf 'ne Kreatur.
Das war jetz' voll die Spannung pur.
Dann kam sie auf mich zugekrochen.
Nu' fühlte ich mich angesprochen.
Ob das noch schlimmer werden kann?
Nu' greift sie meine Stiefel an.
Was will sie jetz' von mir genau?
Es hört sich an wie: „Wau wau wau!"
Jetz' wird es wild, aber nich' schlimmer.
Mein Hund und ich, wir spiel'n so immer.

DAS GEISTERSCHIFF

Auf dem Kanal
erschien auf mal
gespensterhaft ein Geisterschiff.
Ein Geister-Mann
grollte mich an,
sodass das Gruseln mich ergriff:
„Ich tu nicht mehr leben.
Du musst mir was geben.
Ich brauche Arznei als Wellenstürmer.
Seit meinem Tod
hab' ich meine Not,
und brauch' jetzt echt was gegen Würmer."

DER WEISE TROLL

Ich spazierte übers Feld,
ein Troll hat sich zu mir gesellt.
Die Stimme war sonor und klar.
Ansonsten war er unsichtbar.
Er sprach: „Weil ich mal Mist gebaut hab'
und ein paar von euch beklaut hab',
musste ich dem Troll-Boss schwör'n,
alle Menschen aufzuklär'n,
wie die Natur so funktioniert.
Hör zu, ich mach's nich' kompliziert.
Also, hier ist mein Bericht:
Mal lebt man und denn wieder nich'."

DIE ALTE

Tief in der Wildnis, Donnerstag,
traf ich 'ne ur-uralte Frau.
Vor 300 Jahr'n war Hexenjagd,
da war sie abgehau'n,
hat sich versteckt in einer Hütte,
seit Kaiser Ferdinand noch groß war,
und fragte mich: „Du, sag mir bitte,
was so bis heute eig'ntlich los war."
Ich gab ihr einen Überblick
von unser'n harten Zeiten:
„Heut' is' die Welt voll ausgetickt.
Man kann sich kaum noch Urlaub leisten.
Das Benzin is' viel zu teuer
und erst recht das KFZ,
Strom und Gas von unser'n Steuern,
und das Essen is' zu fett.
Scheiß Preis für Fleisch, Butter und Bier ..."
Ich klagte bis zum Morgen,
dann gähnte sie und schloss die Tür:
„Mann, Mann, Mann! Na, ihr habt Sorgen!"

DIE SCHLANGE AUS DEM PARADIES

Die Schlange aus dem Paradies
war im Grunde nich' so fies.
Sie hatte Eva nur bekundet,
dass so 'n Apfel ganz gut mundet.
Die gab dann Adam auch 'n Teil.
Gottvater fand das nich' so geil.
Hat sie aus Eden rausgeschmissen.
Die Schlange tat sie nich' vermissen.
Sie sieht den Vorteil dabei:
Das Paradies ist menschenfrei.

ES SPÖKELT IM MOOR

Es tummeln sich im Moor Gestalten,
die sind bei Tage nich' zu seh'n.
Doch du kannst kaum das Wasser halten,
wenn sie im Dunkeln vor dir steh'n.
Da wird dir richtig Angst und Bang.
Man sieht sie, sie sind wirklich da.
Doch später denn, bei Sonn'aufgang,
is' das alles gar nich' wahr.
Dass man dir glaubt, oh, das wird schwer.
Beweise gibt das keine,
Und Zeugen bring' da auch nich' mehr.
Man sieht das nur alleine.
Ich war im Moor. Darum mach ich
jetz' Schluss mit dem Gedicht.
Ich grusel mich.

GEH NICH' IN DIE GEISTERSTADT

Im Moor stand eine Geisterstadt.
Nu' steht nur noch 'ne Hütte.
Der Wirt davon, es war ein Pub,
is' jetz' nur noch Gerippe.
Und gehst du hin bei Dunkelheit,
winkt er dir aus'm Fenster:
„Komm ran, mien Jung, wir sind schon breit,
ich und 'n paar Gespenster.
Hier krissu Party und Komfort
mit Schnaps und Sechserpacken.
Du wirst schon seh'n, bei uns im Moor
kann man schön versacken!"

GEH NICH' IN DIE GEISTERSTADT TEIL II

Bei der alten Geisterhütte
sagte ich zur Hündin:
„Tu doch um die Hütte bitte
Geisterspuren finden."
Sie lief drum rum und auch da rein
und hat alles markiert.
Nu' kann ich mir ganz sicher sein,
dass mir nix passiert.
Die Geister sind sich jetz' gewiss,
der Hund hat kein' Respekt.
Sie fühl'n sich ziemlich angepisst,
sind echauffiert und weg.

TIERISCH.

Klaus 1974

DAS STORCHENNEST

Ein altes Storchennest
am Rande der Sahara
war ständig unbesetzt,
weil nie ein Storch mal da war.
Ein Schleswig-Holsteiner
nahm's mit nach Schleswig-Holstein,
Die Schleswig-Holsteiner
soll'n ja auf Störche stolz sein.
Nu' steht das Nest am Dorf,
allein zu diesem Zweck.
Aber wo is' der Storch?
Bis jetzt ist er noch weg.
Er hat sich umgehört,
und er erfuhr dabei,
Richtung Sahara wär'
ein ruhiges Plätzchen frei.

DER HAHN

Der Hahn meinte ernst und blieb sehr gelassen:
„Also, lass uns ma’ zusammenfassen.
Mein Schnabel ist hart, aber weich ist mein Herz.
Doch wenn ich wollte, hättest du Schmerz.
Und wenn du nu’ glaubst, dass ich hier nur witzel,
denn sach ruhig noch einma’ ‚Hähnchenschnitzel‘.“

FIENCHENS RUHM

Ich habe weder was geplant,
noch mir was Großes vorgenomm';
doch, wer hätte das geahnt,
ich bin hier ob'n angekomm'.

OSTERHASE

Schon länger geht die Osterfeier
dem Osterhasen auf die Eier:
„Lass mich als Eiermann begaffen
und mach' mich hier zum Osteraffen!
Jetzt mach' ich blau. Prost! Was dagegen?
Und wünsch' euch all'n ein Hasenleben.
Salat sei euer täglich Brot,
viel hoppeln und 'ne Ladung Schrot."

SCHLECHT BEWIRTETE KÜHE

An allen Kühen kann ich seh'n,
man merkt das auf den Weiden,
dass sie nich' auf ihr Futter steh'n.
Das darf man nich' verschweigen.
Sie sind wohl mehr als unzufrieden,
möcht' ich ma' vermuten,
denn alle haben sich entschieden,
auf ihr Essen rauf zu pupen.

DREI ZIEGENBÖCKE

Drei Ziegenböcke blickten
verdrießlich auf drei Schafe.
War'n leider keine Zicken.
Das sahen sie als Strafe.
Ein Bock meinte: „Ach was!
Ich glaub', das wird schon geh'n.
Hier gibt's doch reichlich Gras.
Die kiffen wir uns schön."

WEIHNACHTEN.

Klaus und der
Weihnachtsmann
1950

BAGALUTENWIEHNACHTSZEIT

Jedes Jahr zur selben Zeit
ist es wieder mal so weit.
Nu' sind wir alle hier im Norden
komplett zu Engelein geworden.
Bei die Engels geht das rund.
Saufen ist nicht ungesund.
Bei die Engels darf das jeder,
denn Engels haben keine Leber.

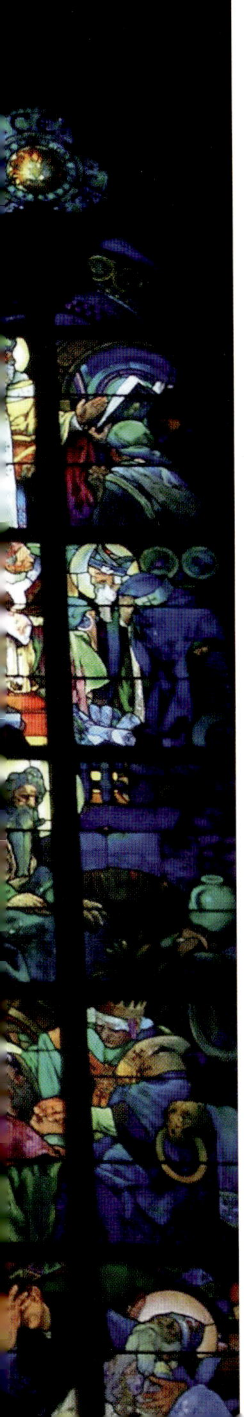

CHRIST KOMMT UND GEHT

Gebor'n wird er zu Weihnachten
als Friedensangebot.
Karfreitag nach 3 Monaten
is' er wieder tot,
steht wieder auf zum Osterfest
und fliegt dann hoch zum Alten.
Der kann ihn für den Jahresrest
als Azubi dabehalten.
Bis Dezember lebt er munter
bei seiner Himmelssippe.
Dann sagt der Alte: „Nu' mal runter
nach Bethlehem. Ab in die Krippe!"

DER TANNENBAUM

Der Tannenbaum, das weiß man halt,
lebt nicht gern im Winterwald.
Sonst wär' doch unser Tannenbaum
zu Weihnachten nicht abgehau'n.

WETTER UND JAHRESZEITEN.

Klaus und seine Schwester Erika
1950

FRÜHLINGSANFANG

Tut sich ein Strauch vor mir verneigen
und mir seine Kätzchen zeigen?
Raunt ein Baum: „Es wird bald netter,
dann hab' ich 'n Dutt voll Blätter."
Ein Fisch springt vor mir aus'm Teich.
Will er mich informier'n? Vielleicht
hat er 'ne Message mir geklatscht,
oder nur aus Quatsch gepatscht.
Die Winterzeit is' aus, die trübe.
Ich hab' Frühling in der Rübe.

DER MAI IST GEKOMMEN

(gesungen zur gleichnamigen Volksweise)

De-her Mai ist gekommen.
Das freut mich aber sehr;
denn er hatt' unbenommen
befriedigend Verkehr.
Übera-hall junge Tie-hiere
bewohnen Be-herg u-hund Tal.
I-hich staune und sinniere:
Der will bestimmt noch mal.

IM MÄRZEN DER BAUER

Im Märzen der Bauer die Rösslein anspannt.
Die Rösslein wer'n länger schon Trecker genannt.
Der Bauer stellt her, was die Menschen so essen.
Er tut das in Massen, denn wir sind verfressen.
Getreide und Vieh gibt's in Hülle und Fülle.
Gesegnet sind wir dann mit Brot, Fleisch und Gülle

KÄLTE

Ich sach das jedem, den ich seh',
weil ich was von Physik versteh',
wennas kalt is', issas nur
'ne Frage der Temperatur.
Und da steckt noch mehr dahinter:
Kälte gibt das mehr im Winter.
Hätt' man Professor Lesch gefragt,
er hätt's bestimmt auch so gesagt.
Mann, was bin ich bloß für einer!
Physikalisch kann mir keiner.

PS: Zur Kälte meint Hein Grog, der Skipper:
„Bibber!"

REGENWETTER

Der Regen prasselt an die Scheiben.
Ich werd' einfach zu Hause bleiben.
Hier ist es trocken und gemütlich.
Bei Regen raus? Ich mach so 'n Schiet nich'.
Aber langsam wird mir klar,
dass das nur ein Wunschtraum war.
Ich weiß, dass ich es packen muss,
weil der Hund mal kacken muss.

SCHÖN GRAU IN GRAU

Der Himmel is' grau
und matschig der Rasen.
Heute passt es genau,
um ma' Trübsal zu blasen.
Leg' mich heute aufs Bett,
nörgel muffig ins Kissen,
finde alles nich' nett,
will von „freu dich" nix wissen.
Hin und wieder mal Trübsal
und sich alles vermiesen.
Kannst du's nich'? Na, denn üb' mal,
denn man kann das genießen.
Du sagst, miese Stimmung
macht den Himmel nich' blau,
und solche Gesinnung,
die wäre nich' schlau.
Muss ich pausenlos lachen?
Nee, das glaub' ich so nicht.
Würd' ich das nur noch machen,
wär' ich auch nich' ganz dicht.

Klaus, der Bogenschütze 1956

VITA

Klaus Büchner wurde am 26.03.1948 in Hamburg geboren und 1955 – erst ein Jahr später als normal – eingeschult (zu klein und verspielt). Als sein Vater, der Berufssoldat war, 1964 nach Schleswig versetzt wurde, zog Büchner mit der Familie (Mutter und zwei Schwestern) um. Dort nahmen die Schwierigkeiten in der Schule kein Ende. Er hatte Probleme mit den Lehrkräften und sie mit ihm, was ihn dazu veranlasste, 1965 die Lehranstalt zu verlassen.

In diesem Jahr trat er der ersten „Beat"-Band bei und begann gleichzeitig eine Lehre als Großhandelskaufmann für Beton-Fertigteile, die er 1968 erfolgreich abschloss. Danach verpflichtete er sich für vier Jahre zur Bundeswehr, merkte aber, infolge einer spätpubertären Nachreifung, dass das Soldatische nicht mit seiner Mentalität in Einklang zu bringen war, und er wurde nach 20 Monaten als anerkannter Kriegsdienstverweigerer entlassen.

In Schleswig war er durchgehend, ausgenommen seine Bundeswehrzeit, in verschiedenen Bands aktiv. Weil das wenig bis gar kein Geld einbrachte, hatte er bald ca. 25 gut bezahlte „Knüppeljobs", wie Dachdeckerhelfer, Messgehilfe, Dachpfannenwerk, Tiefbau, Butterwerk und vieles mehr auf der Steuerkarte.

1975 zog er wieder nach Hamburg, wo er Raymond Voß begegnete. Sie fingen sofort an, in Clubs und Kneipen Musik zu machen, und vertonten englischsprachige Lyrik. Sein letzter Job in der freien Wirtschaft war Bühnenarbeiter im Ernst-Deutsch-Theater. Dadurch kamen Raymond und er auch an Theatermusik in dem Shakespeare-Stück „Wie es euch gefällt“, was zum ersten Mal einen nennenswerten Betrag einbrachte.

Eine Schnapsidee aus Schleswig führte erst langsam, dann rasant zum Projekt „Torfrock“. Während einer Party sollte er „Hey Joe“ von Jimi Hendrix singen, war aber so alkoholisiert, dass er den Text vergaß, kannte aber den Inhalt und spielte auf Plattdeutsch damit rum, zu seiner Überraschung mit Erfolg. Raymond und Klaus griffen die Schnapsidee wieder auf. Die Publikumsreaktionen waren derart, dass sie mit drei weiteren Gründungsmitgliedern „Torfrock“ entwickelten.

1977 erschien das erste Album, vier weitere folgten. 1983 bis 1988 legten sie eine Pause ein, in der Büchner in das Projekt „Klaus & Klaus“ rutschte. Bisher hatte er nur Songtexte geschrieben, doch „Klaus & Klaus“ erhielten eine monatliche Musiksendung beim NDR 2 und nannten sie „Das Ohrenkino“. Dort entstanden die ersten Reime. Später führte er immer zwei oder drei dieser Reime während der Auftritte auf und später auch bei Torfrock.

1997 entschied er sich ausschließlich für Torfrock, denn die Doppelbelastung ließ sich nicht mit seiner Vorstellung von Lebensqualität vereinbaren.

Seit 1990 spricht er in den Zeichentrickfilmen „Werner“ denselben. Ab 2015 hat er sich intensiver mit Kurzgedichten beschäftigt, sodass jetzt Material für weitere Bände auf die Veröffentlichung wartet. Er lebt mit seiner Frau, drei Katern und einer Hündin in Dithmarschen.

HANEBÜCHNER - MEINE GEDICHTE UND FOTOS.
70 Jahre Klaus Büchner
- Mitbegründer und Sänger von Torfrock

Band 1 ist unter der ISBN 978-3-86282-703-9
im acabus Verlag erhältlich.

HANEBÜCHNER III - ER DICHTET IMMER NOCH.

Noch mehr Gedichte und Fotos von Klaus Büchner

- *Mitbegründer und Sänger von Torfrock*

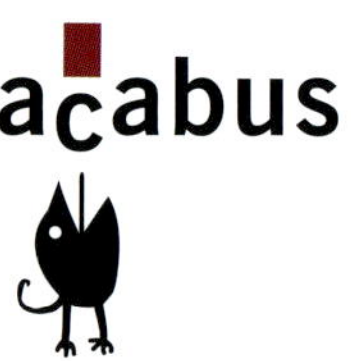
acabus